LA CHINE
ET SES POPULATIONS RURALES

CONFÉRENCE

FAITE A LA RÉUNION ANNUELLE DE LA SOCIÉTÉ D'ÉCONOMIE SOCIALE

Par le général TCHENG-KI-TONG

(Extrait de la Réforme Sociale.)

PARIS

AU SECRÉTARIAT DE LA SOCIÉTÉ D'ÉCONOMIE SOCIALE
BOULEVARD SAINT-GERMAIN, 174

1886

AF331168

SOCIÉTÉ INTERNATIONALE D'ÉCONOMIE SOCIALE

La Société, fondée par Le Play, s'est constituée le 27 novembre 1856, pour remplir le vœu exprimé par l'Académie des sciences, en couronnant l'ouvrage intitulé les *Ouvriers européens*. Elle applique à l'étude comparée des diverses constitutions sociales la méthode d'observation, dite des monographies des familles. Elle reproduit les monographies les plus remarquables dans le recueil intitulé les *Ouvriers des deux Mondes*, et publie le compte rendu *in extenso* de ses séances dans la *Réforme sociale*, bulletin de la *Société d'économie sociale et des Unions*.

La *Société d'Economie sociale* se compose de *Membres honoraires* versant une cotisation de 100 fr. par an, au minimum, et de *Membres titulaires* payant 20 fr. L'un et l'autre de ces deux prix donnent droit à recevoir la *Réforme sociale*, qui est adressée à tous les Membres deux fois par mois, le 1er et le 15; et les *Ouvriers des Deux Mondes* qui paraissent par fascicules trimestriels.

LES UNIONS DE LA PAIX SOCIALE

Les *Unions* ont pour but de propager et de mettre en pratique les doctrines de l'*Ecole de la paix sociale*. Elles sont réparties par petits groupes en France et à l'étranger. Leur action s'exerce par l'intermédiaire de CORRESPONDANTS locaux.

Les membres sont invités à transmettre au secrétariat général les faits qu'ils ont pu observer autour d'eux, ou les renseignements qui sont parvenus à leur connaissance. Ces communications sont, suivant leur importance, mentionnées ou reproduites dans la *Réforme sociale*.

Les *Unions* se composent de membres *associés* et de membres *titulaires*. Les membres *associés* versent une cotisation annuelle de 12 fr. (14 fr. pour l'étranger), qui leur donne droit à recevoir deux fois par mois la *Réforme sociale*, *bulletin* de la *Société* et des *Unions*. Les *membres titulaires* concourent plus intimement aux travaux qui servent de base à la doctrine des *Unions* ; ils payent, outre la cotisation annuelle , un droit d'entrée de 40 francs au moment de leur admission, et reçoivent, en retour, pour une *valeur égale* d'ouvrages choisis dans la *Bibliothèque de la paix sociale* et livrés au prix de revient.

Pour être admis dans les *Unions de la paix sociale*, il faut être présenté par un membre, ou adresser directement une demande d'admission au Secrétaire général, boulevard Saint-Germain, 174, à Paris. Les noms des membres nouvellement admis sont publiés dans la *Réforme sociale*.

LA RÉFORME SOCIALE

**Bulletin de la Société d'Économie Sociale
et des Unions de la Paix Sociale.**

Les personnes étrangères aux deux Sociétés peuvent s'abonner aux conditions suivantes :

FRANCE : UN AN 15 fr.; SIX MOIS 8 fr. | EUROPE : UN AN 18 fr.; SIX MOIS 10 fr.

Hors d'Europe : le port en sus.
Les abonnements partent du 1er de chaque mois.

CHAQUE LIVRAISON : 80 CENTIMES.

LA CHINE

ET SES POPULATIONS RURALES

CONFÉRENCE

FAITE A LA RÉUNION ANNUELLE DE LA SOCIÉTÉ D'ÉCONOMIE SOCIALE

Par le général TCHENG-KI-TONG

(Extrait de la *Réforme Sociale*.)

PARIS

AU SECRÉTARIAT DE LA SOCIÉTÉ D'ÉCONOMIE SOCIALE

BOULEVARD SAINT-GERMAIN, 174

1886

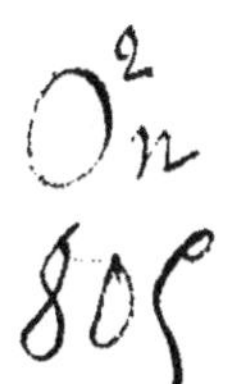

LA CHINE

ET SES POPULATIONS RURALES

CONFÉRENCE FAITE A LA RÉUNION ANNUELLE DANS LA SÉANCE DU 20 MAI 1886

PAR LE GÉNÉRAL TCHENG-KI-TONG.

Messieurs,

L'époque à laquelle nous vivons me paraît se caractériser, entre autres particularités, par le goût des relations internationales. Tous les peuples de l'univers se font des visites, le plus souvent courtoises ; ils s'étudient les uns les autres, d'abord avec curiosité, puis avec intérêt, se communiquant leurs impressions réciproques, leurs surprises ou leurs admirations ; et s'ils n'ont pas encore réussi à retirer de ces premières relations les avantages entrevus par beaucoup de sages esprits, du moins il est permis d'espérer qu'elles ne seront pas sans influence sur les destinées du progrès.

Ma présence au milieu de vous vous est une preuve du fait que je viens d'observer, avec cette nuance cependant qu'il ne se produit pas pour la première fois et que je n'ai plus à faire l'essai de la bienveillante attention d'un auditoire français.

Apprendre à se connaître soi-même était la formule favorite des philosophes de l'antiquité ; toute la science, ou pour mieux dire toute la sagesse humaine était dans l'application de cette doctrine, quelque difficile qu'elle fût. Je ne sais pas si depuis Confucius et Socrate l'art de se connaître soi-même, proclamé par ces deux grands esprits comme très excellent, a fait quelques progrès ou s'il a même encore des disciples. J'avoue que dans le tumulte des accidents de la vie telle que l'ont organisée les convenances modernes, il est presque impossible de s'occuper de soi-même avec toute l'attention qu'exige impérieusement ce haut personnage, et avec tous les égards dus à son rang. Apprendre à connaître le « soi-même » de son voisin — car tout le monde est voisin aujourd'hui, — est bien plus utile et bien plus nécessaire. Il faut supposer que tous les peuples se sont mis d'accord sur cette nouvelle interprétation de la sagesse antique, puisque tous échangent, non plus seulement des produits commerciaux, mais aussi des idées, c'est-à-dire pour chacun de ces peuples les matières premières de leur civilisation.

Nul ne peut nier l'existence de ce mouvement ; il s'est produit de lui-même par une sorte d'instinct de l'humanité qui s'est souvenue peut-être, arrivée enfin à l'âge de raison, de la commune origine des destinées de l'homme, et de l'identité parfaite du but de ses efforts, de ses peines et de ses espérances. Jamais le mot « Universel » n'a eu plus de vogue ; jamais il n'a eu plus d'ambition. Il aspire à devenir peuple, à conquérir l'univers, à se créer même une langue harmonieuse que comprendront tous les hommes. Si cette merveille se réalisait, le dix-neuvième siècle ne s'achèverait pas sans avoir entendu cette parole magique : l'incident de la tour de Babel est clos.

Mon intention n'est pas de railler : je sais trop bien par une expérience déjà longue combien les hommes ont intérêt à se comprendre avant de se connaitre. Le secret de la paix sociale est peut-être dans cette formule : pour se connaître il faut se comprendre. Faites que tous les hommes connaissent, par exemple, la lettre A, cette seule lettre ! vous aurez plus fait pour la paix universelle que tous les traités imaginables. S'il est exact, en effet, de supposer que c'est à la suite de la confusion des langues que les hommes sont devenus ennemis, parce qu'ils avaient cessé de se comprendre, il est également exact de conclure que c'est en favorisant parmi les classes dirigeantes le goût des langues, que le goût de la paix deviendra plus universel.

Vous avez remarqué, Messieurs, en étudiant de près les causes de toutes ces guerres qui désolent l'humanité, qu'on y découvre plus souvent des querelles de mots que des motifs de haine véritable. Les nationalités qui veulent s'imposer, prétendent toujours imposer aussi leur langue. Réagir contre ces rivalités des langues, c'est tenter l'assaut de la citadelle inexpugnable ; c'est travailler en faveur de la paix. Si les hommes instruits et intelligents ne veulent pas adopter une langue commune qui serait la langue d'État dans l'empire idéal universel, je ne vois pas d'autre moyen que d'apprendre toutes les langues indispensables, et d'arriver ainsi entre hommes du monde — ce serait bien le cas de le dire — à se comprendre. Il est permis de le désirer.

Notre Confucius a dit en s'adressant à chacun de nous à travers les siècles : « Pour progesser renouvelle-toi chaque jour. » C'est la pensée même du progrès pratique ; l'homme qui se renouvelle sans cesse, est en union intime avec sa destinée. Certes, il est des temps où ce renouvellement n'a pas besoin de se produire par des transformations violentes, brusques ; où l'âme humaine est semblable à la surface unie d'un lac dont aucune ride ne trouble la sereine tranquillité. Mais il est aussi d'autres temps où ces transformations se font par contre-coups, et où il se passe dans le monde moral des accidents tels, qu'il faut, pour les expliquer, leur appliquer la théorie des cyclones et des typhons. Qu'une révolution ait lieu à l'Occident, notre Extrême-Orient, si extrême soit-il, en ressent les commotions, parce qu'il y a des révolutions assez révolutionnaires pour ne pas même respecter les points cardinaux. Elles éclatent et tout l'univers s'en émeut.

Je ne crois pas qu'il soit de circonstance de vous démontrer, Messieurs, que les nations de l'Occident ont suivi à la lettre la maxime de Confucius. Elles se sont en effet renouvelées chaque jour. Elles se renouvellent encore, nous pourrions dire à chaque heure du jour. C'est l'Occident qui a produit dans l'atmosphère morale des peuples, ces courants magnétiques qui ont subitement transformé toutes choses; c'est l'Occident qui a violemment déchiré le voile mystérieux de l'horizon qui séparait les peuples, et qui les a conviés magistralement à prendre part aux actions du progrès universel.

Je ne voudrais pas paraître à vos yeux un « rétrograde endurci »; mais cependant permettez-moi de vous avouer en toute sincérité que si Confucius avait jamais pu prévoir jusqu'où pourrait aller le devoir de se renouveler, il aurait très probablement énoncé quelques considérants, voire même quelques amendements dont nous aurions tous retiré des bienfaits réels.

Mais il ne s'agit plus de discuter les transformations sociales : il ne s'agit même plus de les subir; il faut les accomplir, et s'aider charitablement les uns les autres.

Vous avez donné au programme de vos travaux un titre qui résume excellemment les préoccupations du siècle : c'est celui de *Réforme sociale*. Votre programme embrasse toutes les questions, les soumet toutes à l'examen et fixe, pour chacune d'elles, selon les données d'une science dont votre maître, Le Play, a le premier établi les principes, les solutions qui leur conviennent.

Envisagée sous ce point de vue, la *Réforme sociale* m'a inscrit d'avance parmi ses disciples les plus convaincus; car nul plus que moi n'a été frappé de la supériorité de sa méthode. La *Science des Sociétés*, telle que Le Play l'a définie quand il a dit. « les voyages sont à la Science des Sociétés ce que l'observation des faits est à toutes les sciences de la nature », est devenue une science véritable qui puise ses enseignements dans l'observation et qui donne ainsi aux voyages une importance classique. Je ne crois pas que jamais explorateur ait reçu un témoignage plus élevé ni plus complet de la dignité de sa mission, et des services qu'il est appelé à rendre à la civilisation.

Si vous y consentez, Messieurs, je serai pour ce soir le voyageur qui revient des pays lointains où vivent nos « concitoyens » selon l'admirable expression de Lamartine :

Je suis concitoyen de tout être qui pense.

N'est-ce pas ici, du reste, la maison hospitalière des explorateurs de la grande patrie universelle, cette Société de Géographie dont l'enseigne porte la boule du monde et qui est exactement le point de départ et le « terminus » de toutes les routes de la terre ? Vous oublierez que je parle de mon pays, pour vous convaincre que j'ai cherché à ne dire que ce que je savais être vrai, et que je n'ai eu d'autre mobile, en prenant part à vos travaux, que celui de faire œuvre utile et civilisatrice.

I

J'ai eu souvent l'occasion de remarquer que pour bien juger, il faut autant que possible ne pas employer le procédé de la comparaison, ni rapprocher de souvenirs trop facilement présents à la mémoire les faits qui nous frappent le plus. Vous devez donc en conséquence entendre sans sourire ce terme de *populations rurales* qui désigne les populations de la Chine. Nous sommes des *ruraux* dans toute l'acception du mot.

Chaque pays sans doute doit avoir sa spécialité, je veux dire un ordre établi de choses dans lequel il est passé maître. Tout homme est un spécialiste et possède un talent caché ; c'est une de nos croyances. La spécialité la plus haute est celle qui excite et utilise les dons de l'esprit. Mais souvent les dispositions naturelles ne se prêtent pas à leur essor. Un bon agriculteur vaut mieux qu'un *demi-savant*. En d'autres termes, comme le disait un ancien qui s'y connaissait, il est préférable d'être le premier dans son art, là où on l'exerce. Il y a partout une Rome et partout des Capoues. Nous sommes de l'avis de cet intelligent ambitieux. Celui qui ne se reconnaît pas capable, après des essais persévérants mais infructueux, d'arriver aux emplois que confèrent les grades littéraires, celui-là se tourne vers la terre, bravement, avec le courage énergique de l'homme qui n'ayant pas pu conquérir la première place à Rome, se venge en devenant le premier à Capoue.

Confucius a une pensée juste et pratique sur ce même sujet ; il a dit : « Ceux dont les forces sont insuffisantes, font la moitié du chemin et s'arrêtent. » Grâce à cette heureuse philosophie, l'étudiant refusé aux concours échappe aux révoltes des incompris. Il quitte la ville, où il n'est pas bon de connaître la misère quand on se croit un grand homme, et s'en retourne aux champs paternels, où l'attendent, pour le consoler et l'encourager, l'affection toujours ingénieuse d'une mère et l'ambition d'aider le chef de famille dans l'administration de ses biens.

C'est là un des faits qui se passent le plus régulièrement, à de rares exceptions près. Chacun d'entre nous transporte partout où il va, *ce coin de terre, cette maison paternelle*, où se garde la place de l'absent et où se conserve l'espérance de le voir rentrer. Et quand il revient, certes, s'il rapporte la couronne des lauréats, c'est un grand honneur pour la famille ; mais s'il revient les mains vides, eh bien, il dit une bonne fois adieu aux rêves entrevus du mandarinat, et devient agriculteur chez lui, dans sa famille, sur son bien.

L'agriculture est, Messieurs, l'art par excellence de la Chine. Nous la définissons volontiers : l'art d'obtenir des récoltes. De fait, la même terre produit jusqu'à quatre et cinq récoltes par an. Vous voyez que le sujet est intéressant pour ceux qui parmi vous « font valoir » ou qui afferment leurs propriétés sur le pied de « une récolte par an ». Evidemment ces résultats n'ont pas été obtenus sans le concours de quelques circonstances exceptionnelles, au courant desquelles je vais essayer de vous mettre. L'empire du Milieu possède un sol extraordinairement fertile connu sous le nom de « Terre Jaune. » Cette terre, qui forme par elle-même un engrais, est un sable argileux qui paraît provenir des inondations du Fleuve Jaune, et qui a beaucoup de ressemblance avec le sable fin des grandes steppes du plateau central. Dans notre langue qui aime à *parfumer* les mots, nous appelons cette partie du territoire *la fleur du milieu*. C'est en effet la région la plus fortunée qui existe au monde ; et cette terre qui puise en elle-même, sans préparations d'aucune sorte, les éléments de sa fertilité, qui donne en abondance aux céréales, aux plantes et aux arbres leur nourriture quotidienne, est bien le chef-d'œuvre des libéralités de la Providence. Les récoltes se succèdent sans qu'il soit nécessaire de faire reposer la terre ; un tour de charrue et quelques ondées la rajeunissent et lui rendent toute sa puissance de fertilité. C'est vraiment la terre *inépuisable*.

J'ai l'air de raconter une merveille, et c'est cependant la vérité. Vous en avez une sorte de preuve dans ce fait que la couleur jaune est chez nous la couleur officielle *honorée* ; c'est la pourpre de nos empereurs ; le choix de cette couleur symbolise la reconnaissance de l'Etat.

Toute la terre n'a pas, sur la vaste étendue de notre empire, les mêmes ressources de fertilité. En dehors des limites de la terre jaune, il est des sols qui nécessitent, au contraire, les travaux les plus assidus, les renouvellements les plus riches, des irrigations fréquentes,

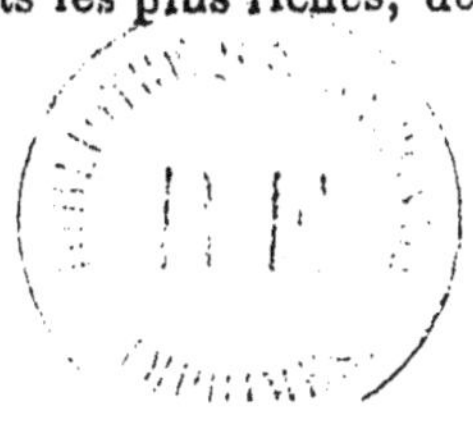

en un mot les soins les plus minutieux. Là, les récoltes ne se produisent pas comme par enchantement ; l'existence de l'agriculteur est plus occupée, son art est plus savant. Il lui faut employer les méthodes particulières que nos paysans se lèguent de génération en génération et qu'ils apprennent dès le bas-âge, comme on apprend ces remèdes de grand'mères dont beaucoup ont le don de guérir, et qui remplacent chez nous les ordonnances de médecin encore inconnues.

Vous connaissez les principales cultures de la Chine. Le thé et le riz sont au nombre des plus répandues ; mais ce ne sont pas les seules. L'agriculteur connaît et pratique soixante-dix sortes de cultures différentes, et c'est un des principes de son art de les faire produire à tour de rôle, et à des époques choisies, dans le même sol. On dit que le plaisir réside dans la variété ; c'est un vieux dicton que j'apprécie beaucoup, et qui s'applique non pas seulement au caractère de l'homme, mais aussi à la terre. Elle se renouvelle par la variété des récoltes. Je me souviens aussi d'avoir lu que le repos le meilleur est obtenu en changeant de travail. Ce sont des réflexions et des souvenirs qui me viennent en aide pour me démontrer qu'il y a de nombreuses corrélations entre l'esprit de l'homme et la terre. L'un et l'autre sont soumis à des activités mystérieuses qui ne sont pas toujours le fruit d'un labeur opiniâtre. Il y a des méthodes qui inspirent et qui fertilisent le travail et dont les heureux résultats semblent naître de l'association des forces dépensées. Le « pourquoi » de ces considérations échappe au vulgaire : mais il en constate les bienfaits par la permanence des récoltes, qu'elles sortent du cerveau ou de la terre.

Autrefois l'agriculture s'enseignait officiellement. Il y avait un ministère de l'agriculture suffisamment compétent pour entreprendre la tâche d'instruire le peuple dans les arts agricoles ; et de même qu'on enseignait aux hommes à lire, à écrire et à connaître les meilleures directions de l'esprit qui doivent disposer à l'obéissance et au respect, on enseignait l'art d'obtenir des récoltes. Ces enseignements sont très-anciens ; ils sont consignés dans des livres réputés classiques, qui contiennent et expliquent les procédés les plus pratiques se rapportant aux soixante-dix cultures. De plus, ces enseignements ont été donnés avec l'autorité qui appartient aux décrets, et comme ils datent d'un temps où les familles qui constituaient l'Empire n'étaient pas encore très nombreuses, ils se sont propagés de siècle en siècle, et sont devenus la Tradition.

II

Imaginez-vous donc, Messieurs, que dans un seul district rural les douze ou quinze mille habitants qui le composent proviennent d'une seule et même souche ! Tous ces champs que vous voyez si bien cultivés, si coquettement soignés, appartiennent à des gens qui sont tous parents, à des degrés plus ou moins éloignés. Dans ces districts chacun suit les enseignements laissés par l'ancêtre commun ; le bien que chacun possède est une part d'héritage ; car, à la longue, l'immense propriété de la terre s'est divisée en autant de petites parts qu'il y avait d'ayants droit, et ces partages successifs ont donné naissance à ces petites propriétés qui ont eu une influence capitale sur les destinées de notre empire.

C'est le principe même de la famille telle qu'elle a été instituée avec les droits inviolables de son autorité, qui a créé le principe de la petite propriété. A son tour celle-ci a créé la petite culture, c'est-à-dire l'état de culture qui favorise les meilleures exploitations.

Vous comprenez bien, Messieurs, qu'à mesure que la famille rurale voyait s'accroître le nombre de ses membres, la question sociale se posait, pour nous comme pour vous. Qu'allait devenir à la mort du chef de famille, la propriété ? Qu'allait devenir l'exploitation ? Qu'allait devenir la vie sociale ? car nous n'avions ni notaires, ni avoués pour nous donner des conseils. Fort heureusement ! c'est précisément parce que nous n'avions aucun fonctionnaire de cet ordre que nous avons franchi les caps difficiles, et que *la paix sociale a résolu la question sociale.*

Quand un principe inviolable d'autorité existe dans une institution, quelle qu'elle soit, cette institution triomphe des difficultés. La famille chinoise a toujours un chef, comme le trône dans les États monarchiques a toujours un représentant. Le roi est mort, vive le roi ! disiez-vous autrefois ; il en est de même dans nos familles : le père meurt, l'autorité passe immédiatement au fils aîné, et rien n'est changé.

La durée du deuil est de 27 mois. Pendant ce temps il n'est pas question de partages ; il ne peut pas être question d'affaires d'intérêts. La famille observe religieusement le deuil avec tout le cérémonial imposé par les rites, et le premier de tous les rites ordonne l'union de tous les membres de la famille. La famille ne se désagrége pas : elle prolonge l'état de communauté, sous la protection invisible mais présente du père que la mort a frappé. Ainsi ces mois de deuil cons-

tituent, par une sage disposition de nos législateurs, la période d'ap-
prentissage du nouveau chef de la famille.

Permettez-moi de vous dire, Messieurs, que ces 27 mois.... nous
leur devons une grande reconnaissance. Grâce à eux nous avons
échappé aux scandales que présentent les ouvertures de testament,
les partages hâtifs au lendemain de la mort, et à ces querelles d'hé-
ritiers qui créent les discussions implacables et ruinent l'esprit de
famille. Je comprends qu'il y ait une question sociale difficile à résoudre quand de tels accidents se produisent. En Chine, personne ne
peut élever une réclamation avant le dernier jour du 27me mois.
Alors chacun des membres de la famille a pu constater de quelle
manière l'administration de ses biens a été dirigée, et comme il
n'est pas dans la coutume, à moins de circonstances particulières,
de changer un ordre reconnu satisfaisant, la famille peut rester unie
autant de temps qu'elle voudra par le lien de communauté.

Si au contraire, par suite des mariages, les membres de la famille
se trouvent aux prises avec les discussions; si l'harmonie ne règne
plus dans la famille — ce qui arrive en Chine aussi, — alors les partages se font. Le chef de la famille est toujours avantagé ; sa part est
généralement double de celle des autres. Chacun des membres de la
famille a donc un lot. Il arrive le plus souvent que ceux-ci se recons-
tituent en communauté afin de réaliser les moyens les plus efficaces
pour obtenir une meilleure exploitation. Les membres de la famille
qui veulent aller faire du commerce à la ville, ou qui ont obtenu des
fonctions officielles à la suite de leurs examens, peuvent céder leurs
parts à leurs frères qui restent au pays, moyennant une redevance
ou un prix d'achat fixés par contrat. Mais ces contrats sont toujours
résiliables sans indemnité, si le vendeur veut rentrer dans son bien.

Si enfin les enfants sont trop nombreux et que l'héritage paternel
ne puisse pas être divisé en lots suffisamment étendus pour assurer
l'existence d'une famille, alors le conseil de famille décide d'acquérir
des terres dans une autre région où elles ont moins de valeur, et par
le secours de l'association on réunit les capitaux nécessaires à la fon-
dation de ces nouvelles petites colonies. Il va sans dire que les membres épars de la famille se réunissent au moins une fois chaque
année dans la maison de naissance pour y honorer, sous la prési-
dence du frère aîné, les ancêtres et leur rendre le culte de reconnaissance et de respect que la famille leur doit.

Voilà, Messieurs, de quelle manière nous avons traité la question
sociale, et comment, avec un seul principe fermement établi dans la
famille, nous sommes parvenus à résoudre de redoutables problèmes,
en évitant et le droit d'aînesse qui révolte la conscience, surtout celle
des cadets, et le partage obligatoire qui ruine l'autorité paternelle.

III

Je voudrais développer les principales questions qui se groupent autour de ce sujet : car elles ont une importance décisive dans l'étude de l'organisation de notre société. Mais comment les faire entrer dans le cadre déjà agrandi de cet entretien, sans risquer de fatiguer votre attention ? Nos paysans méritent cependant que vous les connaissiez un peu plus que superficiellement. Il est dit dans vos livres saints « que l'homme ne vit pas seulement de pain, mais aussi de vérité ». Cette maxime a son application dans nos paisibles bourgades où tout n'est pas abandonné aux considérations exclusivement matérielles.

La vie des champs a ses fêtes de l'intelligence et aussi ses moments de délassement. C'est par exemple le jour de la cueillette du thé : ce sont nos vendanges. Quelle animation gaie dans nos campagnes ! Les ruraux organisent dans la maison commune une exposition des plus beaux produits de la récolte de la contrée; on institue un jury; on distribue des récompenses. Puis les livres anciens sont sortis des armoires, on lit, on commente les formules de la sagesse antique. Puis viennent les offrandes aux divinités protectrices des moissons florissantes; des processions parcourent les champs.

Vous le voyez, la vie du paysan n'est pas complètement matérialisée : il se glisse quelques rayons de poésie dans cette existence vouée au travail. Les campagnes sont si belles! toutes ces familles qui prospèrent autour de la maison éternelle — je puis bien l'appeler ainsi puisque le sol en est inaliénable — répandent autour d'elles tant de joie vraie, tant de bonheur, que le travail ne paraît plus un châtiment, mais une bénédiction! C'est que le travail est une création incessante qui transforme l'être humain, — ce conservateur des œuvres divines, — qui n'est ni un passant ni un spectateur, comme l'ont désigné les poètes, mais un [agissant sous l'impulsion d'une destinée mystérieuse qu'il n'est pas très-raisonnable de nier. Quand on s'interroge soi-même, il est difficile d'admettre que le travail n'aurait de pouvoir fécondant que pour l'argile, et qu'il n'y a pas en nous une sève latente capable d'être fertilisée par le même travail. Cette loi du travail ne nous inspire aucune terreur; nous le considérons plutôt comme un droit, et nous sommes bien intéressés à ce que ces vérités pénètrent dans l'intelligence de tous, parce que nous comprenons la menaçante application de cet arrêt de Confucius : « Si un homme vit dans l'oisiveté, un autre homme meurt de faim. » C'est une expérience qu'il ne faut pas tenter.

IV

Ces réflexions vous disent, Messieurs, en quelle estime les lettrés tiennent l'art de l'agriculture. L'agriculteur vous dira à son tour par les résultats qu'obtiennent ses efforts, quelles conquêtes il a réalisées et quels progrès vrais il a su accomplir dans son art.

D'abord, ses récoltes qui sont nombreuses, quatre et cinq par an. Les cultures les plus fréquentes, dans le Fo-Kien, par exemple, qui est ma province d'origine, sont le thé, le riz, le froment, la canne à sucre, le mûrier. Vous savez que nous n'avons pas de pâturages ; ils ne rapporteraient pas autant que les produits de la petite culture. Les propriétés ne sont pas très étendues ; celles d'un hectare et demi et de deux hectares sont déjà importantes ; car un hectare suffit à l'entretien d'une famille composée de vingt personnes.

Pour arriver aux résultats que je vous indique, vous devez comprendre quels soins doivent présider à la culture. Les procédés d'exploitation ne varient guère ; c'est presque partout celui du « repiquage » qui est en usage. Il exige, il est vrai, des irrigations très bien aménagées, beaucoup d'engrais, et par suite une *main-d'œuvre* considérable, mais nous avons cette main-d'œuvre dans la famille. L'agriculture est la cause première de l'augmentation constante de la population. Il faut des enfants dans la famille, non seulement pour l'honorer conformément aux prescriptions du culte des ancêtres, mais aussi pour la rendre prospère au sens pratique du mot. Cette opération du repiquage consiste à faire des semis à pleines mains dans un coin de terre, de manière à obtenir une broussaille de plants qui seront ensuite retransplantés, repiqués dans une terre qui vient de produire sa deuxième ou sa troisième récolte. Il y a même des plants qui voyagent ; ils sont cultivés en premier lieu dans les contrées méridionales où le soleil rend la végétation plus rapide et où les terres sont moins occupées, et ces plants sont ensuite repiqués dans d'autres contrées, dans le nord où pendant les hivers le thermomètre descend souvent à 30 degrés au-dessous de zéro. C'est ainsi qu'en Mongolie on pique des plants de blé au mois de mai, et on récolte en août.

Que vous dirai-je de plus ? Ces résultats sont assez éloquents pour vous faire comprendre l'excellence de nos méthodes qui sont fondées sur des principes et qui démontrent que tout le secret de la fertilité de notre sol est dans la réalisation de ces trois conditions : le morcellement de la propriété, l'irrigation égale pour tous, et enfin la science de l'engrais. Sous ce rapport nos paysans sont d'une force qui défie toute concurrence. Il me serait impossible de vous dire en français quels progrès ils ont réalisés dans cette branche si importante de l'agriculture. Les parfums qui s'élèvent au-dessus des champs à l'époque des fumures démontrent que rien n'a été oublié, et que les engrais ne viennent pas tous du Pérou.

Sous le point de vue de la coopération que le capital doit apporter à l'agriculture, nos populations rurales ont également d'excellentes ressources. Nous appliquons depuis de longues années le principe des banques mutuelles. Ces banques existent dans chaque district et elles ont donné de très heureux résultats, sans désastres financiers. Nos banquiers ne songent pas aux douceurs de l'exil, ni aux spéculations à la Bourse. Nous ne sommes pas encore parvenus à ce haut degré de civilisation. Imaginez-vous que le banquier reçoit dans sa caisse les économies de tous les agriculteurs d'une même région. Il a ainsi un fonds de réserve qui peut devenir important. Supposons que j'aie placé moi, agriculteur, appartenant à telle famille bien connue dans le district, une somme de mille francs, par exemple. J'ai par ce seul fait le droit de demander un emprunt du double de cette somme, soit que je veuille améliorer le matériel de la ferme, soit que je veuille acheter un buffle, ou bien simplement ajouter un pavillon à la maison lorsque les enfants deviennent encombrants. Ces banques rendent beaucoup de services pour l'organisation de la coopération qui est la forme particulière sous laquelle nous envisageons l'association. Nos populations ne comprennent bien clairement que les associations d'un petit nombre d'associés; ils aiment, entre associés, à se connaître, à se garantir les uns contre les autres; ils sont prudents et avisés.

Enfin, Messieurs, tout notre argent passe dans la terre. N'est-ce pas l'éloge le plus complet que je pouvais faire de l'agriculture? C'est la terre qui est la grande débitrice de la nation; c'est à elle que nous confions toutes nos économies.

Ailleurs, ce sont les États qui doivent à la nation. Nous, nous ne connaissons ni le consolidé, ni le 3 %, ni l'amortissable. Peut-être même pensons-nous, à un point de vue général, que l'argent donné à l'État, pour des buts divers, est pris sur la réserve qui devrait appartenir à l'agriculture, et que c'est diminuer toutes les valeurs de la terre. Nous n'avons peut-être pas tort de penser ainsi; parce que la véritable richesse d'un pays, celle qui ne tarit pas, celle qui suffit, c'est le produit du sol. Quelle est donc, pour dire toute ma pensée, la meilleure garantie de la paix sociale? Mais c'est la culture de la terre! Quel est le talisman merveilleux qui produit la paix! C'est la charrue! Confucius a dit, il y a bien longtemps cependant, ces graves paroles : « Les armes les plus excellentes sont des instruments de malheur ». N'avait-il pas raison ? Oui, il est vrai de dire que l'agriculture est la plus bienfaisante des cultures. Aucune des autres, quelle qu'elle soit, ne peut prétendre à la même action.

J'ai entendu parler de l'influence néfaste qu'ont produite à certaines époques certaines théories littéraires ou philosophiques ou même religieuses. Les arts ont eu aussi des influences mauvaises. Je n'ai jamais entendu dire, je n'ai jamais lu que l'agriculture ait corrompu les mœurs ou appauvri les États. Je ne connais que des hymnes d'actions de grâces chantées en l'honneur de toutes les divinités protectrices des campagnes. L'agriculture fait les races fortes et courageuses ; elle apprend l'économie, fait valoir le travail, le rend précieux et sacré ; elle forme, en même temps que la conscience qui estime qu'il existe un bien d'autrui, l'âme qui peu à peu s'achemine vers la grande science de l'humanité.

Heureux sont les peuples agriculteurs, car seuls ils ont vraiment la paix sociale !

(Vifs applaudissements.)

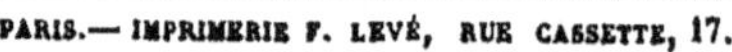

PARIS.— IMPRIMERIE F. LEVÉ, RUE CASSETTE, 17.

106

Publications périodiques de la Société Internationale d'Economie Sociale
FONDÉE EN 1856 PAR **F. LE PLAY**, ET RECONNUE D'UTILITÉ PUBLIQUE EN 1869
174, BOULEVARD SAINT-GERMAIN. — PARIS

LA REFORME SOCIALE

6e Année. — Nouvelle Série. — Tome II

AVEC LA COLLABORATION DE MM.

AD. FOCILLON — ALB. LE PLAY — E. CHEYSSON — J. MICHEL
CL. JANNET — A. DELAIRE — J. LACOINTA — ANT. D'ABBADIE — F. D'ARTIGUES.
G. ARDANT — A. BABEAU — H. BEAUNE — A. BÉCHAUX — ALF. DE COURCY
A. FOUGEROUSSE — R. DE FRANCE — J. DE GARIDEL — A. GIBON — U. GUÉRIN
L. GRANDEAU — R. LAVOLLÉE — G. PICOT — CH. DE RIBBE — A. RONDELET
A. SILVY — R. STOURM — V. BOGISIC — VICTOR BRANTS — CH. GRAD
D' KAEMPFE — PROF. NAGY DE FELSO-EOR — SEDLEY TAYLOR, ETC., ETC.

La Réforme sociale étudie les problèmes économiques et sociaux qui prennent aujourd'hui le premier rang dans les préoccupations de l'opinion publique. Elle en demande la solution à l'observation des faits, selon la méthode de F. Le Play, en dehors de tout esprit de parti et de toute théorie préconçue.
La Réforme sociale paraît le 1er et le 15 de chaque mois et forme par an deux forts volumes de 700 à 800 pages, complétés par des tables analytiques.
Conditions d'abonnement. — France : un an, **15** fr.; six mois, **8** fr. — Union postale : un an, **18** fr.; six mois, **10** fr. — En dehors de l'Union postale, port en plus

LES OUVRIERS DES DEUX MONDES

Etudes sur les travaux, la vie domestique et les conditions morales des populations ouvrières

NOUVELLE SÉRIE

Commencée en 1856, sur le vœu émis par l'Académie des Sciences, en couronnant *les Ouvriers européens*, de F. Le Play, cette publication réunit, sous la forme de monographie de familles avec budgets domestiques et tableaux statistiques, des documents du plus haut intérêt pour l'histoire des faits économiques et la discussion des questions sociales.
Les fascicules parus ou sous presse de la *nouvelle série* comprennent : le Paludier du bourg de Batz; le Paysan émancipé de la Grande Russie et l'Armurier de Toula; le Charron des forges de Montataire, le Faïencier de Nevers, le Maraîcher de Deuil, le Métayer de Gascogne, le Pêcheur de Martigues, le Paysan du Schleswig.....
Il paraît un fascicule tous les trois mois. Prix : **2** fr. En souscrivant d'avance, **1** fr. **50**.

Bulletin de la Société d'Economie sociale (1re série, 1865-1885).
9 volumes in-8°. 68 »
Annuaires des Unions de la paix sociale. Recueil périodique de leurs travaux (1875-1880) 5 volumes. . . . . 15 »
La Réforme sociale. Revue bi-mensuelle (1re série, 1881-1885).
10 volumes in-8°. . . . . 50 »
Les Ouvriers des deux mondes (1re série.1856-1885).5 vol.in-8° 50 »

ŒUVRES DE F. LE PLAY
(*ALFRED MAME ET FILS ÉDITEURS*)

Les Ouvriers européens. 2e édit. 6 vol. in-8°. (Vendus séparém.) 39 »
La Méthode sociale. 1 vol. in-8°. 6 50
La Réforme sociale en France. 6e édit. 4 vol. in-18. . . . 8 »
L'Organisation du travail. 4e édit. 1 vol. in-18. . . . . 2 »
L'Organisation de la famille. 3e édit. 1 vol. in-18. . . . 2 »
La Paix sociale. 2e édit. Brochure in-18. . . . . » 60
La Constitution de l'Angleterre. 2 vol. in-18. . . . . 4 »
La Réforme en Europe et le Salut en France. 1 vol. in-18. 1 60
La Constitution essentielle de l'humanité. 1 vol. in-18. 2 »

11611.—PARIS. IMPRIMERIE F. LEVÉ, RUE CASSETTE, 17.

www.ingramcontent.com/pod-product-compliance
Lightning Source LLC
LaVergne TN
LVHW050248030726
842520LV00006B/2247